_____

This Journal Belongs to:

Wine Terms:

Acidity
How tart a wine is or isn't.
Related descriptions include Crisp and Bright

Body:

This refers to how heavy or full wine feels in the mouth. Wine
is often described as Light, Medium or Full Bodied.

Vintage:

A vintage wine doesn't always mean old. This refers to a wine
made from grapes produced in a single year. A nonvintage
wine comes from grapes harvested over 2 years or more.
Champagne is usually nonvintage.

Tannins:

Bitter compounds in the skin and seeds of grapes give Red
Wine structure. While some tannins are desirable, overly
tannic wines can cause your mouth to feel dry. White wines
have little to no tannins.

Identifying Wine Aromas

All of the aromas found in Wine can be grouped into 4 main categories:

Fruit

IN WHITE WINE
Citrus: Lemon, Lime, Orange, Tangerine, Grapefruit
Exotic: Stone Fruit, Pineapple   **Subtle:** Apple, Pear

IN RED WINE
Red Fruits: Cherries, Cranberries, Strawberries, Raspberries
Black Fruits: Black Cherries, Blueberries, Blackberries, Black Currants

Earth:

Earthy: Describes aromas reminiscent of the earth such as the soil &
mushrooms.
Minerality: This is the description for aromas and flavors that are hard
to describe.

Wood:

Aging wine in oak barrels imparts unique aromas and characteristics.
Oak from different areas imparts distinct aromas.

Other:

Floral smells can be found in both red and white wines.
Some are Honeysuckle, Citrus blossom, Rose, Lily, Geranium, and
Lavender.

Other smells can be herbal and leathery

When we are tasting Blackberries, we are actually getting part of that
sensation with our nose or olfactory sense.

If you smell unwanted aromas, also known as "cork taint", just open a
new bottle.

Pair Like a Pro

	Cheese or nuts	Meat or fowl	Seafood	Veggie or fruit	Herb or spice	Sauces	Desserts
Sauvignon Blanc Serving Temp 46-48°	-feta -chevre -pine nuts	-chicken -turkey	-sole -oyster -scallops	-citrus -green apple -asparagus	-chives -tarragon -cilantro	-citrus -light	-sorbet -key lime pie
Chardonnay Serving Temp 50-52°	-asiago -havarti -almonds	-veal -chicken -pork loin	-halibut -shrimp -crab	-potato -apple -squash -mango	-tarragon -sesame -basil	-cream -pesto	-banana bread -vanilla pudding
Riesling Serving Temp 48-50°	-havarti -gouda -candied walnuts	-smoked suasage -duck	-sea bass -trout	-apricots -pepper -pears	-rosemary -ginger	-sweet -BBQ -spicy -chutney	-apple pie -caramel sauce
Pinot Noir Serving Temp 59-61°	-chevre -brie -walnuts	-lamb -sausage -roasted chicken	-orange roughy -tuna	-mushroom -dried fruit -figs	-nutmeg -cinnamon -clove	-mushroom -light -red sauce	-creme brulee -white chocolate
Syrah Serving Temp 63-65°	-sharp cheddar -roquefort -hazelnuts	-roast game -pepperoni -spicy sausage	-salmon	-currants -stewed tomato -beets	-oregano -sage	-heavy -red -BBQ	-black forest -cake -rhubarb pie
Merlot Serving Temp 60-62°	-parmesan -romano -chestnuts	-grilled meats -steak	-grilled swordfish -tuna	-tomatoes -plums	-mint -rosemary -juniper	-bolognese -bearnaise	-dark chocolate -berries -fondue
Cabernet Sauvignon Serving Temp 62-64°	-cheddar -gorgonzola -walnuts	-venison -ribeye -beef stew	-grilled tuna	-black cherries -broccoli -tomatoes	-rosemary -juniper -lavender	-brown -tomato	-bittersweet -chocolate -espresso gelato
Zinfandel Serving Temp 60-63°	-ripe brie -aged cheese	-pork -beef -duck	-cioppino -blackened fish	-cranberry -grilled peppers -eggplant	-pepper -nutmeg	-spicy -cajun -salsa	-spice cake -gingerbread -carrot cake

Enjoy
Better Tasting Wine

Taste the full flavors of your wine by serving it at the right temperature.

Sparkling Wine

Serve between
45 – 48°F

We recommend:
45°F for Asti
46°F for Cava
47°F for Prosecco
48°F for Champagne

The best
glass shape

Light White Wine

Serve between
45 – 50°F

We recommend:
45°F for Rose
47°F for Sauvignon Blanc
48°F for Pinot Grigio
50°F for Riesling

The best
glass shape

Full Bodied White Wines

Serve between
50 – 55°F

We recommend:
50°F for Chablis
52°F for Chardonnay
53°F for Viognier
55°F for Montrachet

The best
glass shape

Light Red Wines

Serve between
55 – 60°F

We recommend:
55°F for Beaujolais
56°F for Pinot Noir
58°F for Barbera
60°F for Grenache

The best
glass shape

Full Bodied Red Wines

Serve between
60 – 65°F

We recommend:
60°F for Malbec
62°F for Merlot
64°F for Cabernet Sauvignon
65°F for Syrah

The best
glass shape

Types of Wine Glasses

Big Reds

Cabernet

Burgundy

Bordeaux

Zinfandel

Light Reds

Pinot Noir

Rose

Big Whites

Chardonnay

Light Whites

Viognier

Sparkling

Sweets

Sweet Wine

_____
Date

Winery: _____ With: _____

Variety: _____

Vintage: _____ Price: _____

Apperance: _____

Aroma: _____

Taste: _____

Suggested Glass: _____ Pair with: _____

Color: ○ Clear   ○ Gold   ○ Pink   ○ Maroon
        ◐ Straw   ○ Amber   ◐ Red   ○ Brown

Rating: 🍷1   🍷2   🍷3   🍷4   🍷5

Notes: _____
_____
_____
_____
_____
_____
_____
_____
_____
_____
_____

_____ Date

Winery: _____ *With:* _____

Variety: _____

Vintage: _____ *Price:* _____

Apperance: _____

Aroma: _____

Taste: _____

Suggested Glass: _____ *Pair with:* _____

Color: ○ Clear ○ Gold ○ Pink ○ Maroon
         ◐ Straw ◐ Amber ◐ Red ○ Brown

Rating: 🍷1 🍷2 🍷3 🍷4 🍷5

Notes: _____
_____
_____
_____
_____
_____
_____
_____
_____
_____
_____

_____
Date

Winery: _____ *With:* _____

Variety: _____

Vintage: _____ *Price:* _____

Apperance: _____

Aroma: _____

Taste: _____

Suggested Glass: _____ *Pair with:* _____

Color: ○ Clear   ○ Gold   ○ Pink   ○ Maroon
        ◐ Straw   ◔ Amber   ◑ Red   ○ Brown

Rating: 🍷1 🍷2 🍷3 🍷4 🍷5

Notes: _____
_____
_____
_____
_____
_____
_____
_____
_____
_____
_____

_____ Date

Winery: _____ With: _____

Variety: _____

Vintage: _____ Price: _____

Apperance: _____

Aroma: _____

Taste: _____

Suggested Glass: _____ Pair with: _____

Color:
○ Clear   ○ Gold   ○ Pink   ○ Maroon
◐ Straw   ◐ Amber   ◐ Red   ○ Brown

Rating: 🍷1   🍷2   🍷3   🍷4   🍷5

Notes: _____
_____
_____
_____
_____
_____
_____
_____
_____
_____
_____

_____ Date

Winery: _____ _With:_ _____

Variety: _____

Vintage: _____ _Price:_ _____

Apperance: _____

Aroma: _____

Taste: _____

Suggested Glass: _____ _Pair with:_ _____

Color: ○ Clear   ○ Gold   ○ Pink   ○ Maroon
       ○ Straw   ○ Amber   ○ Red   ○ Brown

Rating: 🍷1   🍷2   🍷3   🍷4   🍷5

Notes: _____
_____
_____
_____
_____
_____
_____
_____
_____
_____
_____

_____ Date

Winery: _____ With: _____

Variety: _____

Vintage: _____ Price: _____

Apperance: _____

Aroma: _____

Taste: _____

Suggested Glass: _____ Pair with: _____

Color: ○ Clear   ○ Gold   ○ Pink   ○ Maroon
        ◐ Straw   ○ Amber   ◑ Red   ○ Brown

Rating: 🍷1 🍷2 🍷3 🍷4 🍷5

Notes: _____
_____
_____
_____
_____
_____
_____
_____
_____
_____
_____

_____
Date

Winery: _____ *With:* _____

Variety: _____

Vintage: _____ *Price:* _____

Apperance: _____

Aroma: _____

Taste: _____

Suggested Glass: _____ *Pair with:* _____

Color: ○ Clear   ○ Gold   ○ Pink   ○ Maroon
        ◑ Straw   ○ Amber ◐ Red   ○ Brown

Rating: 🍷1 🍷2 🍷3 🍷4 🍷5

Notes: _____
_____
_____
_____
_____
_____
_____
_____
_____
_____
_____
_____

_____ **Date**

Winery: _____ *With:* _____

Variety: _____

Vintage: _____ *Price:* _____

Apperance: _____

Aroma: _____

Taste: _____

Suggested Glass: _____ *Pair with:* _____

Color: ○ *Clear* ○ *Gold* ○ *Pink* ○ *Maroon*
      ○ *Straw* ○ *Amber* ○ *Red* ○ *Brown*

Rating: 🍷1 🍷2 🍷3 🍷4 🍷5

Notes: _____
_____
_____
_____
_____
_____
_____
_____
_____
_____
_____
_____

_____
Date

Winery: _____ *With:* _____

Variety: _____

Vintage: _____ *Price:* _____

Apperance: _____

Aroma: _____

Taste: _____

Suggested Glass: _____ *Pair with:* _____

Color: ○ Clear   ○ Gold   ○ Pink   ○ Maroon
         ◐ Straw   ○ Amber   ◐ Red   ○ Brown

Rating: 🍷1   🍷2   🍷3   🍷4   🍷5

Notes: _____
_____
_____
_____
_____
_____
_____
_____
_____
_____

_____ Date

Winery: _____ _With:_ _____

Variety: _____

Vintage: _____ _Price:_ _____

Apperance: _____

Aroma: _____

Taste: _____

Suggested Glass: _____ _Pair with:_ _____

Color: ○ Clear   ○ Gold   ○ Pink   ○ Maroon
           ◑ Straw   ○ Amber ◑ Red   ○ Brown

Rating: 🍷 1   🍷 2   🍷 3   🍷 4   🍷 5

Notes: _____
_____
_____
_____
_____
_____
_____
_____
_____
_____
_____

_____
Date

Winery: _____ With: _____

Variety: _____

Vintage: _____ Price: _____

Apperance: _____

Aroma: _____

Taste: _____

Suggested Glass: _____ Pair with: _____

Color: ○ Clear   ○ Gold   ○ Pink   ○ Maroon
        ◑ Straw   ○ Amber ◑ Red   ○ Brown

Rating: ♟1 ♟2 ♟3 ♟4 ♟5

Notes: _____
_____
_____
_____
_____
_____
_____
_____
_____
_____
_____

_____ Date

Winery: _____   With: _____

Variety: _____

Vintage: _____   Price: _____

Apperance: _____

Aroma: _____

Taste: _____

Suggested Glass: _____   Pair with: _____

Color:　　○ Clear　　○ Gold　　○ Pink　　○ Maroon
　　　　　○ Straw　　○ Amber　　○ Red　　○ Brown

Rating:　　🍷 1　　🍷 2　　🍷 3　　🍷 4　　🍷 5

Notes: _____
_____
_____
_____
_____
_____
_____
_____
_____
_____
_____

_____
Date

Winery: _____   *With:* _____

Variety: _____

Vintage: _____   *Price:* _____

Apperance: _____

Aroma: _____

Taste: _____

Suggested Glass: _____   *Pair with:* _____

Color:
○ Clear   ○ Gold   ○ Pink   ○ Maroon
◐ Straw   ◑ Amber   ◐ Red   ○ Brown

Rating: 🍷1 🍷2 🍷3 🍷4 🍷5

Notes: _____
_____
_____
_____
_____
_____
_____
_____
_____
_____
_____

_____ Date

Winery: _____ With: _____

Variety: _____

Vintage: _____ Price: _____

Apperance: _____

Aroma: _____

Taste: _____

Suggested Glass: _____ Pair with: _____

Color: ○ Clear   ○ Gold   ○ Pink   ○ Maroon
        ◑ Straw   ○ Amber ◑ Red   ○ Brown

Rating: 🍷1 🍷2 🍷3 🍷4 🍷5

Notes: _____
_____
_____
_____
_____
_____
_____
_____
_____
_____
_____

_____
Date

Winery: _____ With: _____

Variety: _____

Vintage: _____ Price: _____

Apperance: _____

Aroma: _____

Taste: _____

Suggested Glass: _____ Pair with: _____

Color: ○ Clear   ○ Gold   ○ Pink   ○ Maroon
        ◐ Straw   ◑ Amber   ◑ Red   ○ Brown

Rating: 🍷1   🍷2   🍷3   🍷4   🍷5

Notes: _____
_____
_____
_____
_____
_____
_____
_____
_____
_____
_____

_____ Date

Winery: _____ With: _____

Variety: _____

Vintage: _____ Price: _____

Apperance: _____

Aroma: _____

Taste: _____

Suggested Glass: _____ Pair with: _____

Color: ○ Clear   ○ Gold   ○ Pink   ○ Maroon
        ◐ Straw   ○ Amber   ◑ Red   ○ Brown

Rating: 🍷1 🍷2 🍷3 🍷4 🍷5

Notes: _____
_____
_____
_____
_____
_____
_____
_____
_____
_____
_____

_____
Date

Winery: _____ With: _____

Variety: _____

Vintage: _____ Price: _____

Apperance: _____

Aroma: _____

Taste: _____

Suggested Glass: _____ Pair with: _____

Color: ○ Clear   ○ Gold   ○ Pink   ○ Maroon
         ◐ Straw   ○ Amber   ◐ Red   ○ Brown

Rating: 🍷1   🍷2   🍷3   🍷4   🍷5

Notes: _____
_____
_____
_____
_____
_____
_____
_____
_____
_____

_____
Date

Winery: _____ With: _____

Variety: _____

Vintage: _____ Price: _____

Apperance: _____

Aroma: _____

Taste: _____

Suggested Glass: _____ Pair with: _____

Color: ○ Clear   ○ Gold   ○ Pink   ○ Maroon
         ◐ Straw   ○ Amber   ◐ Red   ○ Brown

Rating: ♟1   ♟2   ♟3   ♟4   ♟5

Notes: _____
_____
_____
_____
_____
_____
_____
_____
_____
_____
_____
_____

_____ Date

Winery: _____ *With:* _____

Variety: _____

Vintage: _____ *Price:* _____

Apperance: _____

Aroma: _____

Taste: _____

Suggested Glass: _____ *Pair with:* _____

Color: ○ Clear   ○ Gold   ○ Pink   ○ Maroon
        ◑ Straw   ◔ Amber   ◑ Red   ○ Brown

Rating: 🍷1 🍷2 🍷3 🍷4 🍷5

Notes: _____

_____

_____

_____

_____

_____

_____

_____

_____

_____

_____
Date

Winery: _____   _With:_ _____

Variety: _____

Vintage: _____   _Price:_ _____

Apperance: _____

Aroma: _____

Taste: _____

Suggested Glass: _____ _Pair with:_ _____

Color: ○ Clear   ○ Gold   ○ Pink   ○ Maroon
           ◐ Straw   ○ Amber   ◐ Red   ○ Brown

Rating: 🍷1   🍷2   🍷3   🍷4   🍷5

Notes: _____
_____
_____
_____
_____
_____
_____
_____
_____
_____
_____

_____
Date

Winery: _____ With: _____

Variety: _____

Vintage: _____ Price: _____

Apperance: _____

Aroma: _____

Taste: _____

Suggested Glass: _____ Pair with: _____

Color: ○ Clear   ○ Gold   ○ Pink   ○ Maroon
         ◐ Straw   ○ Amber   ◐ Red   ○ Brown

Rating: 🍷1   🍷2   🍷3   🍷4   🍷5

Notes: _____
_____
_____
_____
_____
_____
_____
_____
_____
_____
_____
_____

_____
Date

Winery: _____   *With:* _____

Variety: _____

Vintage: _____   *Price:* _____

Apperance: _____

Aroma: _____

Taste: _____

Suggested Glass: _____ *Pair with:* _____

Color:
- ○ Clear
- ○ Straw
- ○ Gold
- ○ Amber
- ○ Pink
- ◑ Red
- ○ Maroon
- ○ Brown

Rating: 🍷1   🍷2   🍷3   🍷4   🍷5

Notes: _____
_____
_____
_____
_____
_____
_____
_____
_____
_____
_____

_____
Date

Winery: _____ *With:* _____

Variety: _____

Vintage: _____ *Price:* _____

Apperance: _____

Aroma: _____

Taste: _____

Suggested Glass: _____ *Pair with:* _____

Color: ○ Clear   ○ Gold   ○ Pink   ○ Maroon
         ○ Straw   ○ Amber ○ Red   ○ Brown

Rating: 🍷1 🍷2 🍷3 🍷4 🍷5

Notes: _____
_____
_____
_____
_____
_____
_____
_____
_____
_____
_____

_____ Date

Winery: _____ _With:_ _____

Variety: _____

Vintage: _____ _Price:_ _____

Apperance: _____

Aroma: _____

Taste: _____

Suggested Glass: _____ _Pair with:_ _____

Color: ○ Clear   ○ Gold   ○ Pink   ○ Maroon
         ◐ Straw   ○ Amber   ◐ Red   ○ Brown

Rating: 🍷1   🍷2   🍷3   🍷4   🍷5

Notes: _____
_____
_____
_____
_____
_____
_____
_____
_____
_____

_____
Date

*Winery:*_____ *With:*_____

*Variety:*_____

*Vintage:*_____ *Price:*_____

*Apperance:*_____

*Aroma:*_____

*Taste:*_____

*Suggested Glass:*_____ *Pair with:*_____

Color: ○ *Clear*   ○ *Gold*   ○ *Pink*   ○ *Maroon*
          ◑ *Straw*   ◔ *Amber*   ◑ *Red*   ○ *Brown*

Rating: 🍷1   🍷2   🍷3   🍷4   🍷5

*Notes:*_____
_____
_____
_____
_____
_____
_____
_____
_____
_____
_____

_____ Date

Winery:_____ With:_____

Variety:_____

Vintage:_____ Price:_____

Apperance:_____

Aroma:_____

Taste:_____

Suggested Glass:_____ Pair with:_____

Color: ○ Clear   ○ Gold   ○ Pink   ○ Maroon
        ◑ Straw   ○ Amber   ◑ Red   ○ Brown

Rating: 🍷1 🍷2 🍷3 🍷4 🍷5

Notes:_____
_____
_____
_____
_____
_____
_____
_____
_____
_____
_____

_____
Date

Winery: _____ *With:* _____

Variety: _____

Vintage: _____ *Price:* _____

Apperance: _____

Aroma: _____

Taste: _____

Suggested Glass: _____ *Pair with:* _____

Color: ○ Clear   ○ Gold   ○ Pink   ○ Maroon
         ◐ Straw   ○ Amber   ◐ Red   ○ Brown

Rating: 🍷1   🍷2   🍷3   🍷4   🍷5

Notes: _____
_____
_____
_____
_____
_____
_____
_____
_____
_____
_____

_____
Date

Winery: _____ *With:* _____

Variety: _____

Vintage: _____ *Price:* _____

Apperance: _____

Aroma: _____

Taste: _____

Suggested Glass: _____ *Pair with:* _____

Color: ○ Clear ○ Gold ○ Pink ○ Maroon
         ○ Straw ○ Amber ○ Red ○ Brown

Rating: 🍷1 🍷2 🍷3 🍷4 🍷5

Notes: _____
_____
_____
_____
_____
_____
_____
_____
_____
_____
_____

_____ Date

Winery: _____ *With:* _____

Variety: _____

Vintage: _____ *Price:* _____

Apperance: _____

Aroma: _____

Taste: _____

Suggested Glass: _____ *Pair with:* _____

Color: ○ Clear   ○ Gold   ○ Pink   ○ Maroon
         ◑ Straw   ○ Amber   ◑ Red   ○ Brown

Rating: ♗1   ♗2   ♗3   ♗4   ♗5

Notes: _____
_____
_____
_____
_____
_____
_____
_____
_____
_____

_____
Date

Winery: _____ *With:* _____

Variety: _____

Vintage: _____ *Price:* _____

Apperance: _____

Aroma: _____

Taste: _____

Suggested Glass: _____ *Pair with:* _____

Color: ○ Clear ○ Gold ○ Pink ○ Maroon
        ○ Straw ○ Amber ○ Red ○ Brown

Rating: 🍷1 🍷2 🍷3 🍷4 🍷5

Notes: _____
_____
_____
_____
_____
_____
_____
_____
_____
_____
_____

_____ Date

Winery: _____ *With:* _____

Variety: _____

Vintage: _____ *Price:* _____

Apperance: _____

Aroma: _____

Taste: _____

Suggested Glass: _____ *Pair with:* _____

Color: ⭘ *Clear* ⭘ *Gold* ⭘ *Pink* ⭘ *Maroon*
        ◑ *Straw* ⭘ *Amber* ◑ *Red* ⭘ *Brown*

Rating: 🍷1 🍷2 🍷3 🍷4 🍷5

Notes: _____
_____
_____
_____
_____
_____
_____
_____
_____
_____
_____

_____
Date

Winery: _____   *With:* _____

Variety: _____

Vintage: _____   *Price:* _____

Apperance: _____

Aroma: _____

Taste: _____

Suggested Glass: _____ *Pair with:* _____

Color: ○ Clear   ○ Gold   ○ Pink   ○ Maroon
        ○ Straw   ○ Amber   ○ Red   ○ Brown

Rating: 🍷1   🍷2   🍷3   🍷4   🍷5

Notes: _____
_____
_____
_____
_____
_____
_____
_____
_____
_____
_____

_____
Date

Winery: _____ With: _____

Variety: _____

Vintage: _____ Price: _____

Apperance: _____

Aroma: _____

Taste: _____

Suggested Glass: _____ Pair with: _____

Color: ○ Clear   ○ Gold   ○ Pink   ○ Maroon
        ◑ Straw   ○ Amber   ◑ Red   ○ Brown

Rating: 🍷1   🍷2   🍷3   🍷4   🍷5

Notes: _____
_____
_____
_____
_____
_____
_____
_____
_____
_____

_____ Date

Winery: _____ With: _____

Variety: _____

Vintage: _____ Price: _____

Apperance: _____

Aroma: _____

Taste: _____

Suggested Glass: _____ Pair with: _____

Color: ○ Clear   ○ Gold   ○ Pink   ○ Maroon
        ◐ Straw   ○ Amber   ◐ Red   ○ Brown

Rating: 🍷1 🍷2 🍷3 🍷4 🍷5

Notes: _____
_____
_____
_____
_____
_____
_____
_____
_____
_____

_____ Date

Winery: _____ With: _____

Variety: _____

Vintage: _____ Price: _____

Apperance: _____

Aroma: _____

Taste: _____

Suggested Glass: _____ Pair with: _____

Color: ○ Clear   ○ Gold   ○ Pink   ○ Maroon
        ◑ Straw   ○ Amber   ◑ Red   ○ Brown

Rating: 🍷1   🍷2   🍷3   🍷4   🍷5

Notes: _____
_____
_____
_____
_____
_____
_____
_____
_____
_____

_____
Date

Winery: _____ With: _____

Variety: _____

Vintage: _____ Price: _____

Apperance: _____

Aroma: _____

Taste: _____

Suggested Glass: _____ Pair with: _____

Color: ○ Clear   ○ Gold   ○ Pink   ○ Maroon
        ◑ Straw   ○ Amber   ◑ Red   ○ Brown

Rating: 🍷1   🍷2   🍷3   🍷4   🍷5

Notes: _____
_____
_____
_____
_____
_____
_____
_____
_____
_____
_____

_____
Date

Winery:_____ With:_____

Variety:_____

Vintage:_____ Price:_____

Apperance:_____

Aroma:_____

Taste:_____

Suggested Glass:_____ Pair with:_____

Color: ○ Clear   ○ Gold   ○ Pink   ○ Maroon
        ◐ Straw   ○ Amber ◐ Red   ○ Brown

Rating: 🍷1   🍷2   🍷3   🍷4   🍷5

Notes:_____
_____
_____
_____
_____
_____
_____
_____
_____
_____
_____

_____
Date

Winery: _____ *With:* _____

Variety: _____

Vintage: _____ *Price:* _____

Apperance: _____

Aroma: _____

Taste: _____

Suggested Glass: _____ *Pair with:* _____

Color: ○ Clear   ○ Gold   ○ Pink   ○ Maroon
         ◑ Straw   ○ Amber ◑ Red   ○ Brown

Rating: 🍷1 🍷2 🍷3 🍷4 🍷5

Notes: _____
_____
_____
_____
_____
_____
_____
_____
_____
_____
_____
_____

_____ Date

Winery: _____ *With:* _____

Variety: _____

Vintage: _____ *Price:* _____

Apperance: _____

Aroma: _____

Taste: _____

Suggested Glass: _____ *Pair with:* _____

Color: ○ Clear   ○ Gold   ○ Pink   ○ Maroon
        ◐ Straw   ○ Amber   ◐ Red   ○ Brown

Rating: 🍷1 🍷2 🍷3 🍷4 🍷5

Notes: _____
_____
_____
_____
_____
_____
_____
_____
_____
_____

_____
Date

Winery: _____ *With:* _____

Variety: _____

Vintage: _____ *Price:* _____

Apperance: _____

Aroma: _____

Taste: _____

Suggested Glass: _____ *Pair with:* _____

Color: ○ Clear   ○ Gold   ○ Pink   ○ Maroon
         ◑ Straw   ○ Amber   ◑ Red   ○ Brown

Rating: ♈1   ♈2   ♈3   ♈4   ♈5

Notes: _____
_____
_____
_____
_____
_____
_____
_____
_____
_____
_____
_____

_____
Date

Winery: _____ *With:* _____

Variety: _____

Vintage: _____ *Price:* _____

Apperance: _____

Aroma: _____

Taste: _____

Suggested Glass: _____ *Pair with:* _____

Color: ○ Clear ○ Gold ○ Pink ○ Maroon
        ◑ Straw ○ Amber ◑ Red ○ Brown

Rating: 🍷1 🍷2 🍷3 🍷4 🍷5

Notes: _____
_____
_____
_____
_____
_____
_____
_____
_____
_____

_____ Date

Winery: _____ With: _____

Variety: _____

Vintage: _____ Price: _____

Apperance: _____

Aroma: _____

Taste: _____

Suggested Glass: _____ Pair with: _____

Color: ○ Clear   ○ Gold   ○ Pink   ○ Maroon
        ◐ Straw   ○ Amber   ◐ Red   ○ Brown

Rating: 🍷1   🍷2   🍷3   🍷4   🍷5

Notes: _____
_____
_____
_____
_____
_____
_____
_____
_____
_____
_____

_____
Date

Winery: _____ _With:_ _____

Variety: _____

Vintage: _____ _Price:_ _____

Apperance: _____

Aroma: _____

Taste: _____

Suggested Glass: _____ _Pair with:_ _____

Color: ○ Clear   ○ Gold   ○ Pink   ○ Maroon
        ◐ Straw   ○ Amber   ◐ Red   ○ Brown

Rating: 🍷1   🍷2   🍷3   🍷4   🍷5

Notes: _____
_____
_____
_____
_____
_____
_____
_____
_____
_____
_____

_____
Date

Winery: _____ *With:* _____

Variety: _____

Vintage: _____ *Price:* _____

Apperance: _____

Aroma: _____

Taste: _____

Suggested Glass: _____ *Pair with:* _____

Color:　　○ Clear　　○ Gold　　○ Pink　　○ Maroon
　　　　　　◑ Straw　　○ Amber　　◑ Red　　○ Brown

Rating:　　🍷1　🍷2　🍷3　🍷4　🍷5

Notes: _____
_____
_____
_____
_____
_____
_____
_____
_____
_____
_____

_____
Date

Winery: _____ With: _____

Variety: _____

Vintage: _____ Price: _____

Apperance: _____

Aroma: _____

Taste: _____

Suggested Glass: _____ Pair with: _____

Color:　○ Clear　　○ Gold　　○ Pink　　○ Maroon
　　　　◐ Straw　　○ Amber　　◐ Red　　○ Brown

Rating:　🍷1　🍷2　🍷3　🍷4　🍷5

Notes: _____
_____
_____
_____
_____
_____
_____
_____
_____
_____
_____

_____ Date

Winery: _____   _With:_ _____

Variety: _____

Vintage: _____   _Price:_ _____

Apperance: _____

Aroma: _____

Taste: _____

Suggested Glass: _____ _Pair with:_ _____

Color: ○ Clear   ○ Gold   ○ Pink   ○ Maroon
         ◑ Straw   ○ Amber   ◑ Red   ○ Brown

Rating: ♟1   ♟2   ♟3   ♟4   ♟5

Notes: _____
_____
_____
_____
_____
_____
_____
_____
_____
_____
_____

_____
Date

Winery: _____ *With:* _____

Variety: _____

Vintage: _____ *Price:* _____

Apperance: _____

Aroma: _____

Taste: _____

Suggested Glass: _____ *Pair with:* _____

Color: ○ Clear ○ Gold ○ Pink ○ Maroon
        ◐ Straw ○ Amber ◐ Red ○ Brown

Rating: 🍷1 🍷2 🍷3 🍷4 🍷5

Notes: _____
_____
_____
_____
_____
_____
_____
_____
_____
_____

_____ Date

Winery:_____ With:_____

Variety:_____

Vintage:_____ Price:_____

Apperance:_____

Aroma:_____

Taste:_____

Suggested Glass:_____ Pair with:_____

Color: ○ Clear   ○ Gold   ○ Pink   ○ Maroon
        ◐ Straw   ○ Amber   ◐ Red   ○ Brown

Rating: 🍷1 🍷2 🍷3 🍷4 🍷5

Notes:_____
_____
_____
_____
_____
_____
_____
_____
_____
_____

_____ Date

Winery: _____ _With:_ _____

Variety: _____

Vintage: _____ _Price:_ _____

Apperance: _____

Aroma: _____

Taste: _____

Suggested Glass: _____ _Pair with:_ _____

Color: ○ Clear ○ Gold ○ Pink ○ Maroon
         ◐ Straw ○ Amber ◐ Red ○ Brown

Rating: 🍷1 🍷2 🍷3 🍷4 🍷5

Notes: _____
_____
_____
_____
_____
_____
_____
_____
_____
_____
_____

_____ Date

_Winery:_____   _With:_____

_Variety:_____

_Vintage:_____   _Price:_____

_Apperance:_____

_Aroma:_____

_Taste:_____

_Suggested Glass:_____   _Pair with:_____

Color: ○ Clear   ○ Gold   ○ Pink   ○ Maroon
        ◑ Straw   ○ Amber   ◑ Red   ○ Brown

Rating: 🍷1   🍷2   🍷3   🍷4   🍷5

Notes:_____
_____
_____
_____
_____
_____
_____
_____
_____
_____

_____ Date

Winery: _____ *With:* _____

Variety: _____

Vintage: _____ *Price:* _____

Apperance: _____

Aroma: _____

Taste: _____

Suggested Glass: _____ *Pair with:* _____

Color: ○ Clear ○ Gold ○ Pink ○ Maroon
         ◐ Straw ○ Amber ◐ Red ○ Brown

Rating: 🍷1 🍷2 🍷3 🍷4 🍷5

Notes: _____
_____
_____
_____
_____
_____
_____
_____
_____
_____
_____

_____
Date

Winery: _____ _With:_ _____

Variety: _____

Vintage: _____ _Price:_ _____

Apperance: _____

Aroma: _____

Taste: _____

Suggested Glass: _____ _Pair with:_ _____

Color: ○ _Clear_ ○ _Gold_ ○ _Pink_ ○ _Maroon_
         ◐ _Straw_ ○ _Amber_ ◐ _Red_ ○ _Brown_

Rating: 🍷1 🍷2 🍷3 🍷4 🍷5

Notes: _____
_____
_____
_____
_____
_____
_____
_____
_____
_____

_____ Date

Winery: _____ _With:_ _____

Variety: _____

Vintage: _____ _Price:_ _____

Apperance: _____

Aroma: _____

Taste: _____

Suggested Glass: _____ _Pair with:_ _____

Color: ○ Clear   ○ Gold   ○ Pink   ○ Maroon
        ◐ Straw   ○ Amber   ◐ Red   ○ Brown

Rating: ♟1   ♟2   ♟3   ♟4   ♟5

Notes: _____
_____
_____
_____
_____
_____
_____
_____
_____
_____
_____

_____
Date

Winery: _____   With: _____

Variety: _____

Vintage: _____   Price: _____

Apperance: _____

Aroma: _____

Taste: _____

Suggested Glass: _____   Pair with: _____

Color:
- ○ Clear
- ○ Gold
- ○ Pink
- ○ Maroon
- ◑ Straw
- ○ Amber
- ◑ Red
- ○ Brown

Rating: 🍷1 🍷2 🍷3 🍷4 🍷5

Notes: _____
_____
_____
_____
_____
_____
_____
_____
_____
_____
_____

_____ Date

Winery: _____ *With:* _____

Variety: _____

Vintage: _____ *Price:* _____

Apperance: _____

Aroma: _____

Taste: _____

Suggested Glass: _____ *Pair with:* _____

Color: ○ Clear ○ Gold ○ Pink ○ Maroon
         ◐ Straw ○ Amber ◐ Red ○ Brown

Rating: 🍷1 🍷2 🍷3 🍷4 🍷5

Notes: _____
_____
_____
_____
_____
_____
_____
_____
_____
_____

_____
Date

_Winery:_____ _With:_____

_Variety:_____

_Vintage:_____ _Price:_____

_Appearance:_____

_Aroma:_____

_Taste:_____

_Suggested Glass:_____ _Pair with:_____

Color: ○ Clear   ○ Gold   ○ Pink   ○ Maroon
        ◐ Straw   ○ Amber   ◐ Red   ○ Brown

Rating: 🍷1 🍷2 🍷3 🍷4 🍷5

Notes:_____

_____

_____

_____

_____

_____

_____

_____

_____

_____

_____

_____
Date

Winery: _____ With: _____

Variety: _____

Vintage: _____ Price: _____

Apperance: _____

Aroma: _____

Taste: _____

Suggested Glass: _____ Pair with: _____

Color: ○ Clear   ○ Gold   ○ Pink   ○ Maroon
        ◑ Straw   ○ Amber   ◑ Red   ○ Brown

Rating: 🍷1   🍷2   🍷3   🍷4   🍷5

Notes: _____
_____
_____
_____
_____
_____
_____
_____
_____
_____
_____

_____
Date

*Winery:*_____ *With:*_____

*Variety:*_____

*Vintage:*_____ *Price:*_____

*Apperance:*_____

*Aroma:*_____

*Taste:*_____

*Suggested Glass:*_____ *Pair with:*_____

Color: ○ *Clear*   ○ *Gold*   ○ *Pink*   ○ *Maroon*
          ◑ *Straw*   ○ *Amber* ◑ *Red*   ○ *Brown*

Rating: 🍷1 🍷2 🍷3 🍷4 🍷5

*Notes:*_____
_____
_____
_____
_____
_____
_____
_____
_____
_____
_____

_____
Date

Winery: _____ *With:* _____

Variety: _____

Vintage: _____ *Price:* _____

Apperance: _____

Aroma: _____

Taste: _____

Suggested Glass: _____ *Pair with:* _____

Color: ○ Clear   ○ Gold   ○ Pink   ○ Maroon
         ◐ Straw   ○ Amber ◐ Red   ○ Brown

Rating: 🍷1   🍷2   🍷3   🍷4   🍷5

Notes: _____
_____
_____
_____
_____
_____
_____
_____
_____
_____
_____

_____ Date

Winery:_____ With:_____

Variety:_____

Vintage:_____ Price:_____

Apperance:_____

Aroma:_____

Taste:_____

Suggested Glass:_____ Pair with:_____

Color: ○ Clear   ○ Gold   ○ Pink   ○ Maroon
        ◑ Straw   ○ Amber   ◑ Red   ○ Brown

Rating: 🍷1   🍷2   🍷3   🍷4   🍷5

Notes:_____
_____
_____
_____
_____
_____
_____
_____
_____
_____
_____
_____

_____
Date

Winery: _____ *With:* _____

Variety: _____

Vintage: _____ *Price:* _____

Apperance: _____

Aroma: _____

Taste: _____

Suggested Glass: _____ *Pair with:* _____

Color: ○ Clear ○ Gold ○ Pink ○ Maroon
        ◐ Straw ○ Amber ◐ Red ○ Brown

Rating: 🍷1 🍷2 🍷3 🍷4 🍷5

Notes: _____
_____
_____
_____
_____
_____
_____
_____
_____
_____
_____

_____ Date

Winery: _____ *With:* _____

Variety: _____

Vintage: _____ *Price:* _____

Apperance: _____

Aroma: _____

Taste: _____

Suggested Glass: _____ *Pair with:* _____

Color: ○ Clear ○ Gold ○ Pink ○ Maroon
         ◐ Straw ○ Amber ◐ Red ○ Brown

Rating: 🍷1 🍷2 🍷3 🍷4 🍷5

Notes: _____
_____
_____
_____
_____
_____
_____
_____
_____
_____
_____

_____ Date

Winery: _____ *With:* _____

Variety: _____

Vintage: _____ *Price:* _____

Apperance: _____

Aroma: _____

Taste: _____

Suggested Glass: _____ *Pair with:* _____

Color: ○ Clear   ○ Gold   ○ Pink   ○ Maroon
         ◑ Straw   ○ Amber   ◑ Red   ○ Brown

Rating: 🍷1   🍷2   🍷3   🍷4   🍷5

Notes: _____
_____
_____
_____
_____
_____
_____
_____
_____
_____
_____

_____ Date

Winery: _____ With: _____

Variety: _____

Vintage: _____ Price: _____

Apperance: _____

Aroma: _____

Taste: _____

Suggested Glass: _____ Pair with: _____

Color: ○ Clear   ○ Gold   ○ Pink   ○ Maroon
         ◐ Straw   ○ Amber   ◐ Red   ○ Brown

Rating: ♏1   ♏2   ♏3   ♏4   ♏5

Notes: _____

_____

_____

_____

_____

_____

_____

_____

_____

_____

_____

_____
Date

Winery:_____ With:_____

Variety:_____

Vintage:_____ Price:_____

Apperance:_____

Aroma:_____

Taste:_____

Suggested Glass:_____ Pair with:_____

Color: ○ Clear   ○ Gold   ○ Pink   ○ Maroon
        ◐ Straw   ○ Amber   ◐ Red   ○ Brown

Rating: 🍷1   🍷2   🍷3   🍷4   🍷5

Notes:_____
_____
_____
_____
_____
_____
_____
_____
_____
_____
_____

_____ Date

Winery: _____ With: _____

Variety: _____

Vintage: _____ Price: _____

Apperance: _____

Aroma: _____

Taste: _____

Suggested Glass: _____ Pair with: _____

Color: ○ Clear   ○ Gold   ○ Pink   ○ Maroon
        ◑ Straw   ○ Amber ◑ Red   ○ Brown

Rating: 🍷1 🍷2 🍷3 🍷4 🍷5

Notes: _____
_____
_____
_____
_____
_____
_____
_____
_____
_____
_____

_____
Date

*Winery:*_____ *With:*_____

*Variety:*_____

*Vintage:*_____ *Price:*_____

*Apperance:*_____

*Aroma:*_____

*Taste:*_____

*Suggested Glass:*_____ *Pair with:*_____

Color: O *Clear*   O *Gold*   O *Pink*   O *Maroon*
           O *Straw*   O *Amber*   O *Red*   O *Brown*

Rating: 🍷1   🍷2   🍷3   🍷4   🍷5

*Notes:*_____
_____
_____
_____
_____
_____
_____
_____
_____
_____
_____

_____ Date

Winery: _____ *With:* _____

Variety: _____

Vintage: _____ *Price:* _____

Apperance: _____

Aroma: _____

Taste: _____

Suggested Glass: _____ *Pair with:* _____

Color: ○ Clear ○ Gold ○ Pink ○ Maroon
         ◑ Straw ○ Amber ◑ Red ○ Brown

Rating: 🍷1 🍷2 🍷3 🍷4 🍷5

Notes: _____
_____
_____
_____
_____
_____
_____
_____
_____
_____
_____
_____

_____
Date

Winery: _____ With: _____

Variety: _____

Vintage: _____ Price: _____

Apperance: _____

Aroma: _____

Taste: _____

Suggested Glass: _____ Pair with: _____

Color: ○ Clear   ○ Gold   ○ Pink   ○ Maroon
         ◐ Straw   ◑ Amber   ◑ Red   ◐ Brown

Rating: ♙1   ♙2   ♙3   ♙4   ♙5

Notes: _____

_____

_____

_____

_____

_____

_____

_____

_____

_____

_____

_____ Date

Winery:_____ With:_____

Variety:_____

Vintage:_____ Price:_____

Apperance:_____

Aroma:_____

Taste:_____

Suggested Glass:_____ Pair with:_____

Color: ○ Clear   ○ Gold   ○ Pink   ○ Maroon
        ◑ Straw   ○ Amber   ◑ Red   ○ Brown

Rating: 🍷1   🍷2   🍷3   🍷4   🍷5

Notes:_____
_____
_____
_____
_____
_____
_____
_____
_____
_____
_____

_____
Date

Winery: _____ With: _____

Variety: _____

Vintage: _____ Price: _____

Apperance: _____

Aroma: _____

Taste: _____

Suggested Glass: _____ Pair with: _____

Color: ○ Clear   ○ Gold   ○ Pink   ○ Maroon
        ◑ Straw   ○ Amber   ◐ Red   ○ Brown

Rating: 🍷1   🍷2   🍷3   🍷4   🍷5

Notes: _____
_____
_____
_____
_____
_____
_____
_____
_____
_____
_____

_____
Date

_Winery:_____ _With:_____

_Variety:_____

_Vintage:_____ _Price:_____

_Apperance:_____

_Aroma:_____

_Taste:_____

_Suggested Glass:_____ _Pair with:_____

Color: ○ Clear   ○ Gold   ○ Pink   ○ Maroon
        ◑ Straw   ○ Amber   ◑ Red   ○ Brown

Rating: 🍷1   🍷2   🍷3   🍷4   🍷5

Notes:_____
_____
_____
_____
_____
_____
_____
_____
_____
_____
_____
_____

_____
Date

*Winery:*_____ *With:*_____

*Variety:*_____

*Vintage:*_____ *Price:*_____

*Apperance:*_____

*Aroma:*_____

*Taste:*_____

*Suggested Glass:*_____ *Pair with:*_____

Color: ○ Clear   ○ Gold   ○ Pink   ○ Maroon
        ◑ Straw   ○ Amber   ◑ Red   ○ Brown

Rating: ♟1 ♟2 ♟3 ♟4 ♟5

*Notes:*_____
_____
_____
_____
_____
_____
_____
_____
_____
_____

_____
Date

Winery:_____ With:_____

Variety:_____

Vintage:_____ Price:_____

Apperance:_____

Aroma:_____

Taste:_____

Suggested Glass:_____ Pair with:_____

Color: ○ Clear   ○ Gold   ○ Pink   ○ Maroon
       ◑ Straw   ○ Amber   ◑ Red   ○ Brown

Rating: 🍷1 🍷2 🍷3 🍷4 🍷5

Notes:_____
_____
_____
_____
_____
_____
_____
_____
_____
_____
_____

_____
Date

Winery: _____ *With:* _____

Variety: _____

Vintage: _____ *Price:* _____

Apperance: _____

Aroma: _____

Taste: _____

Suggested Glass: _____ *Pair with:* _____

Color: ○ Clear ○ Gold ○ Pink ○ Maroon
◑ Straw ◑ Amber ◑ Red ○ Brown

Rating: 🍷1 🍷2 🍷3 🍷4 🍷5

Notes: _____
_____
_____
_____
_____
_____
_____
_____
_____
_____
_____

_____ Date

Winery: _____ With: _____

Variety: _____

Vintage: _____ Price: _____

Apperance: _____

Aroma: _____

Taste: _____

Suggested Glass: _____ Pair with: _____

Color: ○ Clear   ○ Gold   ○ Pink   ○ Maroon
        ○ Straw   ○ Amber   ○ Red   ○ Brown

Rating: 🍷1   🍷2   🍷3   🍷4   🍷5

Notes: _____
_____
_____
_____
_____
_____
_____
_____
_____
_____
_____
_____

_____ Date

Winery: _____ *With:* _____

Variety: _____

Vintage: _____ *Price:* _____

Apperance: _____

Aroma: _____

Taste: _____

Suggested Glass: _____ *Pair with:* _____

Color: ○ Clear   ○ Gold   ○ Pink   ○ Maroon
         ○ Straw   ○ Amber ○ Red   ○ Brown

Rating: 🍷1   🍷2   🍷3   🍷4   🍷5

Notes: _____

_____

_____

_____

_____

_____

_____

_____

_____

_____

_____
Date

Winery: _____ With: _____

Variety: _____

Vintage: _____ Price: _____

Apperance: _____

Aroma: _____

Taste: _____

Suggested Glass: _____ Pair with: _____

Color: ○ Clear   ○ Gold   ○ Pink   ○ Maroon
        ◑ Straw   ○ Amber   ◑ Red   ○ Brown

Rating: 🍷1   🍷2   🍷3   🍷4   🍷5

Notes: _____
_____
_____
_____
_____
_____
_____
_____
_____
_____
_____

_____
Date

Winery: _____ With: _____

Variety: _____

Vintage: _____ Price: _____

Apperance: _____

Aroma: _____

Taste: _____

Suggested Glass: _____ Pair with: _____

Color: ○ Clear   ○ Gold   ○ Pink   ○ Maroon
         ◑ Straw   ○ Amber   ◑ Red   ○ Brown

Rating: 🍷1   🍷2   🍷3   🍷4   🍷5

Notes: _____
_____
_____
_____
_____
_____
_____
_____
_____
_____
_____

_____ Date

Winery: _____   With: _____

Variety: _____

Vintage: _____   Price: _____

Apperance: _____

Aroma: _____

Taste: _____

Suggested Glass: _____ Pair with: _____

Color: ○ Clear   ○ Gold   ○ Pink   ○ Maroon
         ◑ Straw   ○ Amber   ◑ Red   ○ Brown

Rating: 🍷1   🍷2   🍷3   🍷4   🍷5

Notes: _____
_____
_____
_____
_____
_____
_____
_____
_____
_____

_____
Date

Winery: _____ With: _____

Variety: _____

Vintage: _____ Price: _____

Apperance: _____

Aroma: _____

Taste: _____

Suggested Glass: _____ Pair with: _____

Color: ○ Clear   ○ Gold   ○ Pink   ○ Maroon
        ◑ Straw   ○ Amber   ◑ Red   ○ Brown

Rating: 🍷1   🍷2   🍷3   🍷4   🍷5

Notes: _____
_____
_____
_____
_____
_____
_____
_____
_____
_____
_____

_____ Date

Winery: _____ With: _____

Variety: _____

Vintage: _____ Price: _____

Apperance: _____

Aroma: _____

Taste: _____

Suggested Glass: _____ Pair with: _____

Color: ○ Clear   ○ Gold   ○ Pink   ○ Maroon
         ○ Straw   ○ Amber   ○ Red   ○ Brown

Rating: 🍷1   🍷2   🍷3   🍷4   🍷5

Notes: _____
_____
_____
_____
_____
_____
_____
_____
_____
_____
_____

_____ Date

Winery: _____ *With:* _____

Variety: _____

Vintage: _____ *Price:* _____

Apperance: _____

Aroma: _____

Taste: _____

Suggested Glass: _____ *Pair with:* _____

Color:
- ○ Clear
- ○ Gold
- ○ Pink
- ○ Maroon
- ◐ Straw
- ○ Amber
- ◐ Red
- ○ Brown

Rating: 🍷1 🍷2 🍷3 🍷4 🍷5

Notes: _____
_____
_____
_____
_____
_____
_____
_____
_____
_____

_____ Date

Winery: _____   _With:_ _____

Variety: _____

Vintage: _____   _Price:_ _____

Apperance: _____

Aroma: _____

Taste: _____

Suggested Glass: _____   _Pair with:_ _____

Color: ⚬ Clear   ⚬ Gold   ⚬ Pink   ⚬ Maroon
         ◑ Straw   ⚬ Amber ◑ Red   ⚬ Brown

Rating: 🍷1 🍷2 🍷3 🍷4 🍷5

Notes: _____
_____
_____
_____
_____
_____
_____
_____
_____
_____
_____

_____
Date

Winery:_____ With:_____

Variety:_____

Vintage:_____ Price:_____

Apperance:_____

Aroma:_____

Taste:_____

Suggested Glass:_____ Pair with:_____

Color:　○ Clear　　○ Gold　　○ Pink　　○ Maroon
　　　　◑ Straw　　◐ Amber　　◐ Red　　○ Brown

Rating:　🍷1　🍷2　🍷3　🍷4　🍷5

Notes:_____
_____
_____
_____
_____
_____
_____
_____
_____
_____
_____

_____ Date

Winery: _____   With: _____

Variety: _____

Vintage: _____   Price: _____

Apperance: _____

Aroma: _____

Taste: _____

Suggested Glass: _____   Pair with: _____

Color: ○ Clear   ○ Gold   ○ Pink   ○ Maroon
         ◑ Straw   ○ Amber   ◑ Red   ○ Brown

Rating: 🍷1   🍷2   🍷3   🍷4   🍷5

Notes: _____
_____
_____
_____
_____
_____
_____
_____
_____
_____
_____
_____

_____
Date

Winery: _____ With: _____

Variety: _____

Vintage: _____ Price: _____

Apperance: _____

Aroma: _____

Taste: _____

Suggested Glass: _____ Pair with: _____

Color: ○ Clear   ○ Gold   ○ Pink   ○ Maroon
         ◑ Straw   ○ Amber   ◑ Red   ○ Brown

Rating: 🍷1   🍷2   🍷3   🍷4   🍷5

Notes: _____
_____
_____
_____
_____
_____
_____
_____
_____
_____

_____ Date

Winery: _____ With: _____

Variety: _____

Vintage: _____ Price: _____

Apperance: _____

Aroma: _____

Taste: _____

Suggested Glass: _____ Pair with: _____

Color: ○ Clear   ○ Gold   ○ Pink   ○ Maroon
        ◑ Straw   ○ Amber   ◑ Red   ○ Brown

Rating: ♉1   ♉2   ♉3   ♉4   ♉5

Notes: _____
_____
_____
_____
_____
_____
_____
_____
_____
_____
_____
_____

_____
Date

Winery:_____ With:_____

Variety:_____

Vintage:_____ Price:_____

Apperance:_____

Aroma:_____

Taste:_____

Suggested Glass:_____ Pair with:_____

Color: ○ Clear   ○ Gold   ○ Pink   ○ Maroon
        ◑ Straw   ○ Amber   ◑ Red   ○ Brown

Rating: 🍷1   🍷2   🍷3   🍷4   🍷5

Notes:_____
_____
_____
_____
_____
_____
_____
_____
_____
_____
_____

_____ Date

Winery: _____   With: _____

Variety: _____

Vintage: _____   Price: _____

Apperance: _____

Aroma: _____

Taste: _____

Suggested Glass: _____ Pair with: _____

Color: ○ Clear   ○ Gold   ○ Pink   ○ Maroon
         ◑ Straw   ○ Amber   ◑ Red   ○ Brown

Rating: 🍷1   🍷2   🍷3   🍷4   🍷5

Notes: _____
_____
_____
_____
_____
_____
_____
_____
_____
_____
_____
_____

_____ Date

Winery: _____ *With:* _____

Variety: _____

Vintage: _____ *Price:* _____

Apperance: _____

Aroma: _____

Taste: _____

Suggested Glass: _____ *Pair with:* _____

Color: ○ Clear   ○ Gold   ○ Pink   ○ Maroon
        ◑ Straw   ○ Amber   ◑ Red   ○ Brown

Rating: 🍷1   🍷2   🍷3   🍷4   🍷5

Notes: _____
_____
_____
_____
_____
_____
_____
_____
_____
_____
_____